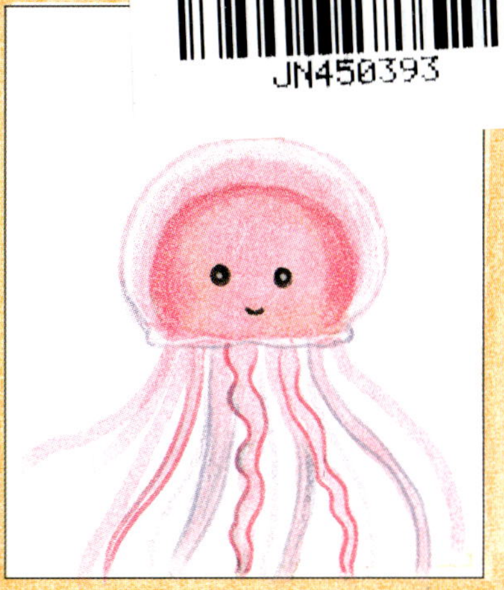

유미희 시
도서관과 학교에서 시와 그림책을 통해 어린이들을 만나고 있습니다. 연필시 문학상, 우리나라 좋은 동시문학상, 오늘의 동시문학상, 제41회 한국동시문학상, 서울문화재단 창작 지원금, 대산문화재단 창작 지원금 등을 받았습니다. 지은 책으로 동시집 《뭘 그렇게 재니?》, 《오빤 닭머리다!》, 《내 맘도 모르는 게》, 《고시랑거리는 개구리》, 《짝꿍이 다 봤대요》, 환경 동시 그림책 《표범장지뱀, 너구나!》, 그림책 《메뚜기 탈출 사건》, 《태어납니다 사라집니다》가 있습니다.

한지아 그림
한국과 영국에서 시각 디자인과 그림책을 전공했습니다.
특유의 부드럽고 감성적인 그림으로 그림책에 생명을 불어넣는 작가입니다.
쓰고 그린 책으로 《내 이름은 제동크》, 《모두 다 내 거!》, 《빗방울이 톡 톡 톡》이 있습니다.
영국에서서는 《Fitz and Will》을, 한국에서는 《바빠가족》, 《하늘》, 《나만의 캠핑 방법》을 그리기도 했습니다.
jiacom@naver.com

안선재(앤서니 수사, Brother Anthony of Taizé) 번역
영국에서 태어나 옥스퍼드대학교에서 학위를 받고, 1994년에 우리나라로 귀화했으며, 대한민국문학상 번역부문 대상, 대산문학상 번역상, 한국펜클럽 번역상을 수상했고, 2008년 옥관문화훈장을 받았습니다.
고은 시인의 《만인보*Ten Thousand Lives*》등 30권 이상의 한국 시와 소설의 영문 번역서를 냈습니다.

갯벌 학교

Mudflats School

1판 1쇄 | 2023년 5월 25일
1판 4쇄 | 2023년 12월 20일

시 | 유미희
그림 | 한지아
번역 | 안선재(Brother Anthony of Taizé)

펴낸이 | 박현진
펴낸곳 | (주)풀과바람
주소 | 경기도 파주시 회동길 329(서패동, 파주출판도시)
전화 | 031) 955-9655~6
팩스 | 031) 955-9657
출판등록 | 2000년 4월 24일 제20-328호
블로그 | blog.naver.com/grassandwind
이메일 | grassandwind@hanmail.net

편집 | 이영란
디자인 | 박기준
마케팅 | 이승민

값 14,000원
ISBN 978-89-8389-151-8 77810

※ 잘못 만들어진 책은 구입처에서 바꾸어 드립니다.

제품명 갯벌 학교 | **제조자명** (주)풀과바람 | **제조국명** 대한민국
전화번호 031)955-9655~6 | **주소** 경기도 파주시 회동길 329
제조년월 2023년 12월 20일 | **사용 연령** 4세 이상
KC마크는 이 제품이 공통안전기준에 적합하였음을 의미합니다.

⚠ 주의
어린이가 책 모서리에 다치지 않게 주의하세요.

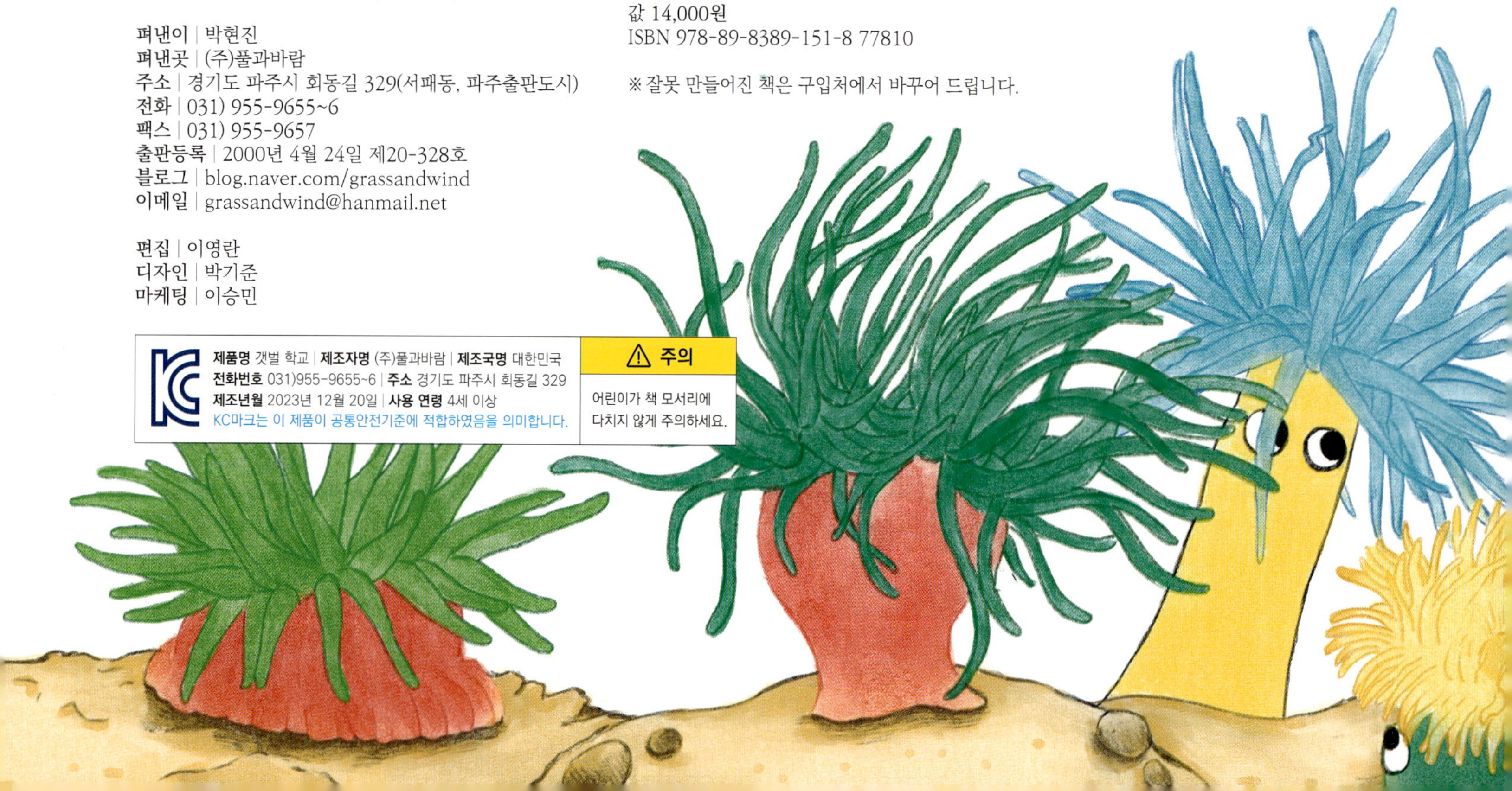

갯벌 학교

시 유미희 · 그림 한지아

꿈과 희망의

공부 중이다

좀 더 깊이!

큰 맛조개는

어린 맛조개들에게

candy

갯벌 속으로 쏘옥 들어가는 방법을,

좀 더 멀리!

큰 말미잘은

작은 말미잘들 앉혀 놓고

팡팡 물총 쏘기를,

좀 더 가볍게!

큰 짱뚱어는

새끼 짱뚱어들 앞에서

풀쩍풀쩍 물 위를 뛰는 시범을,

좀 더 오래!

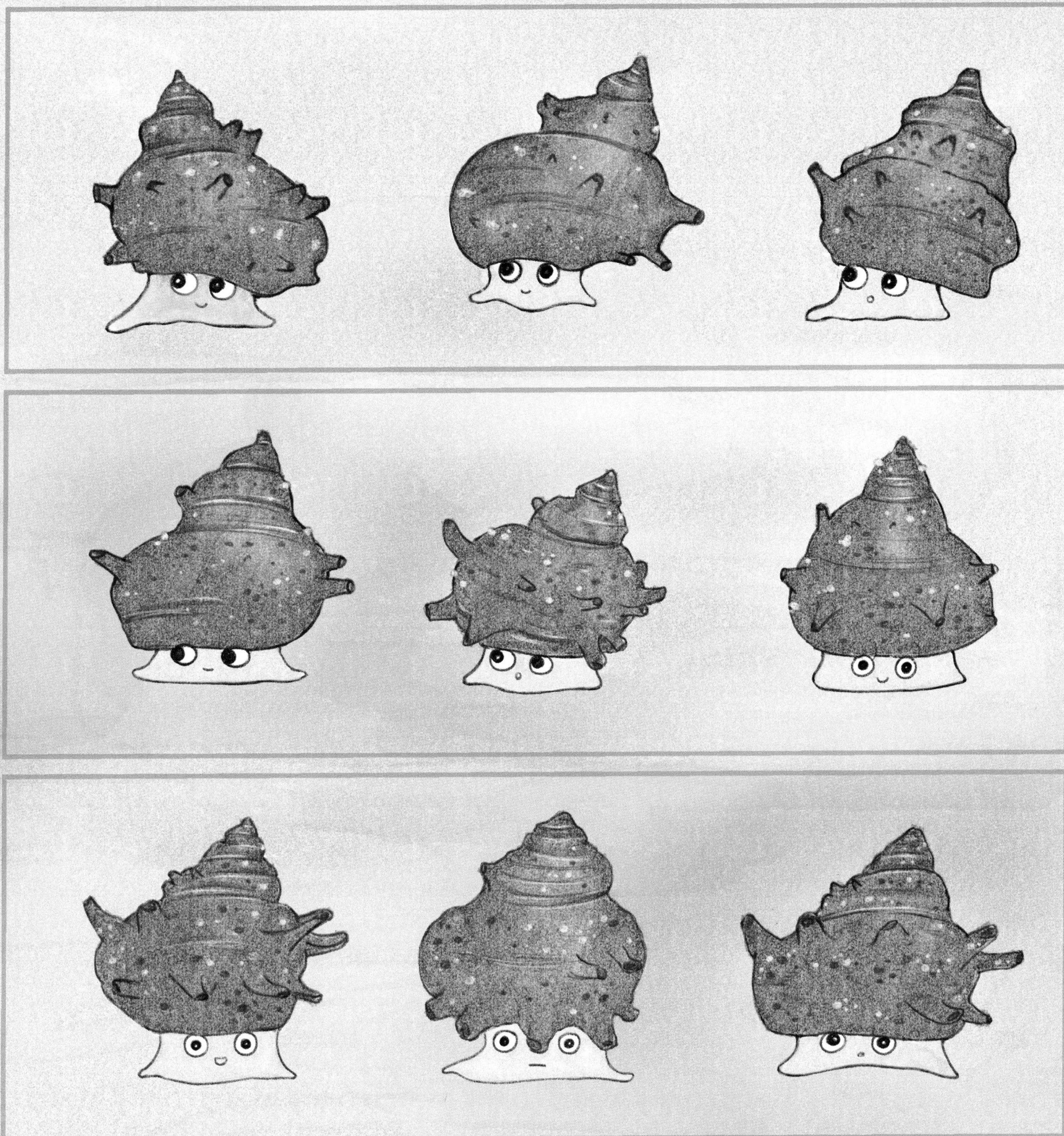

큰 뿔소라는

어린 뿔소라들 세워 놓고

갯돌에서 떨어지지 않고 매달리기를,

좀 더 다르게!

큰 비단고둥은

아기 비단고둥들 불러 놓고

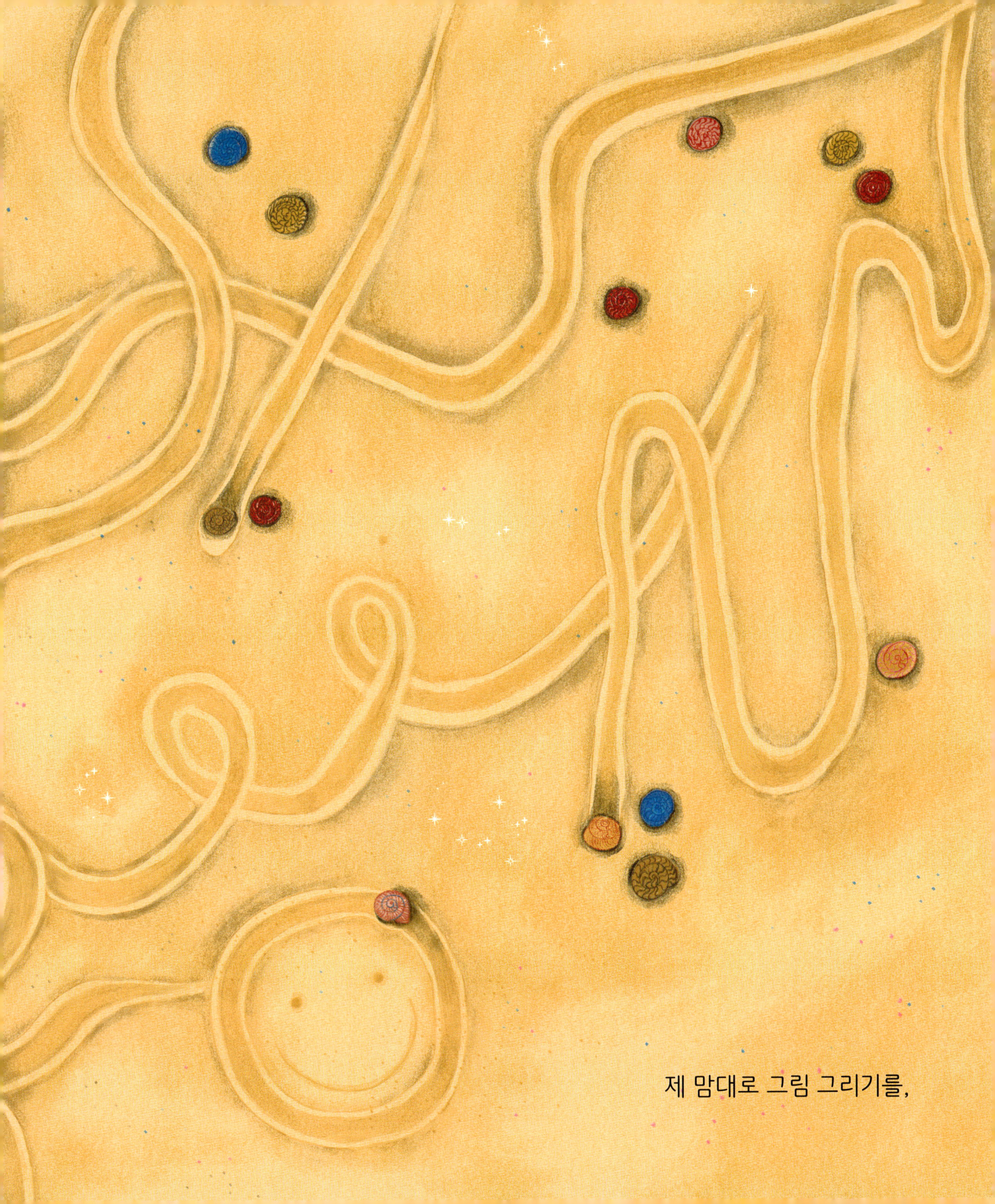

제 맘대로 그림 그리기를,

좀 더 높이!

큰 옆낭게는

작은 옆낭게들 모아 놓고

뻘뻘 땀을 흘리며

탑 쌓기를 가르치고 있다.

갯벌 학교는 365일
쉬는 날이 없다.

지혜반
행복반
튼튼반

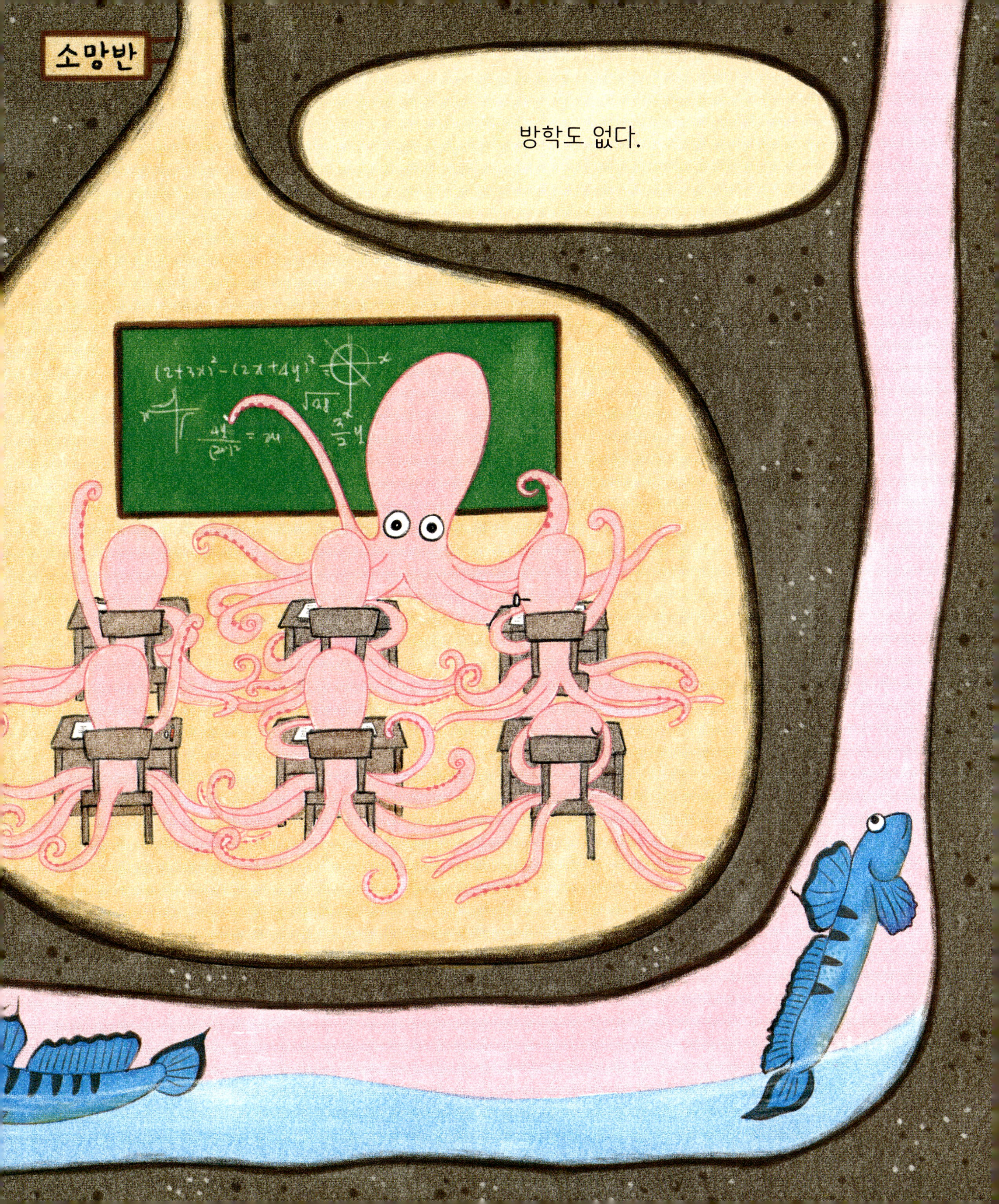

방학도 없다.

Mudflats School

All are studying!

A bit deeper!
Big clams
are teaching young clams
how to delve deeper into the mud.

A bit further!
Big sea anemones
are settling small sea anemones
and teaching them to shoot squirt guns,

A bit lighter!
In front of small mudskippers
big mudskippers
are demonstrating how to jump out of the water,

A bit longer!
Big winkles
are placing young winkles
and teaching them to hang onto pebbles without falling off,

A bit differently!
Big sand snails
are calling baby sand snails
and teaching them to draw freely,

A bit higher!
Big ghost crabs
are gathering small ghost crabs
and teaching them tower building,
sweating profusely.

The mudflats school.
365 days a year,
with not one day off.

No
vacations.

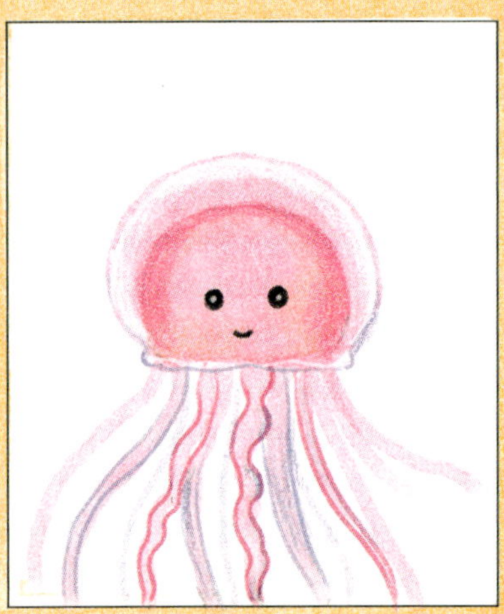